CDブック

初めての人のドラッカー案内

上田惇生 著

Art Days

CDブック　初めての人のドラッカー案内　目次

初めての人のドラッカー案内　5

初めての人のドラッカー案内

上田惇生

ドラッカー人気を支えるのは〝感動〟

——『もしドラ』*のヒット、TVドラマ化などで、年齢や職業に関わらずドラッカーに関心を持つ人が増えています。なぜドラッカーは幅広い層の支持を集めるのでしょうか。

ドラッカーの魅力は、〝感動〟なんですね。『もしドラ』が下敷きにしているのはドラッカーの代表作『マネジメント』ですが、そもそもこのマネジメント論のなかに〝感動〟の種があるんです。

——その〝感動〟とは、具体的にはどのようなことですか？

＊『もし高校野球の女子マネージャーがドラッカーの「マネジメント」を読んだら』岩崎夏海著、ダイヤモンド社刊

人と人とが一つの組織を作ってある目的に向かうとき、いかに成果を上げて世の中に貢献できるか。そのための方法を誰もが納得できる形で説いたのが、ドラッカーの『マネジメント』*です。『もしドラ』ではその内容がすごく正しく解釈されているということなんですね。

——それが読み手に「だれかにこの思いを伝えたい」という気持ちを起こさせ、口コミで評判が広がっていったのでは？

『マネジメント』を読んで感動し、そこに描かれているような会社を作りたいと思い立ち、ドラッカーに相談相手になってほしいと手紙を書いたり電話をした経営者は何人もいます。結局、説き伏せて自分の会社のコンサルタントにしてしまうのですが、そうした行動に駆り立てるのが、まさに〝感動〟というものなんですね。

しかもその感動は、ドラッカーの『マネジメント』という本からの感

---

*『マネジメント【エッセンシャル版】―基本と原則』上田惇生編訳、ダイヤモンド社刊

動っていうよりは、むしろマネジメントそのものの感動なんですね。

——マネジメントは単なる技術じゃないということですね？

そうです。ドラッカーの問題意識とは何か、何をどうしたいのかを考えていくと、結局彼にとって大事なのは〝人間〟ということになるんです。その〝人間〟とは、経済的な存在じゃなくて、社会的な存在としての人間なの。どんなに偉大なことを成し遂げても、人はひとりぼっちではいられないという、絆《きずな》を必要とする存在なんですね。

では、その社会的な存在としての人間は、いかにしたら幸せになれるか。物的に見れば財・サービスの豊かさとか、メンタルな面では、働くことによって自己実現していきたいといった、心の豊かさということになります。物心両面の豊かさは、人と働くことで得られるわけですね。それこそがマネジメントなんですよ。

日本の「見る」文化に影響を受けたドラッカー

——では、この2つの豊かさを実現するにはどうしたらいいのでしょう?

そこで登場するのが、ドラッカーの方法論です。その方法論がまた、ドラッカーが日本人に人気がある所以《ゆえん》だと思うんですけれども、その原因はそれがドラッカーの世界観から来ているからなんですね。

つまり、世の中は複雑で大きい、しかも時々刻々と変化していくという世界観なわけです。変化しつづけているのだから、人間が作ったものには絶対の真理はないという考え方です。

——そのあたりが日本的ということですか?

諸行無常《しょぎょうむじょう》という観念を常識として身につけている日本人としては、そうしたものの見方は当たり前のこととして受け入れられる。だから、まったく日本人の考え方なんですよ。

そんなわけで、かつて元駐日大使の親日家ライシャワーさん*が日本人は体系や分析が苦手なようだと指摘したときに、ドラッカーは「いや、西洋で壮大な哲学体系が組み立てられていた頃、日本には『源氏物語』が存在していた。この世界最高の小説は、日本人が分析に代わる〝知覚〟において非常に優れていることを示している」と言ってくれたわけですね。実は、ライシャワーさんもそう言いたかったのですね。

——ドラッカーが日本に関心を持つきっかけは何だったのでしょう?

*エドウィン・O・ライシャワー(1910〜1990)アメリカの東洋史研究者。ハーバード大学教授。第二次大戦中から極東問題の専門家として、アメリカの対日政策立案に関与。戦後は駐日大使などを務める。

ドイツでナチスが台頭しつつあるとき、近い将来ヨーロッパ中がナチスの支配下に陥るであろうということが、すでにドラッカーの目には見えていました。熱狂を以ってナチスは迎えられ、あらゆるものがそちらの方向に向かっている。でも、ナチズムというものは全体主義であり、個を大事にしない。したがって一人ひとりの人間を幸せにするわけはない。いずれナチズムがヨーロッパを支配し破壊し尽くすであろうということが見えた。

では、破壊のあと再建への道をどう探ったらいいか？　たまたまその頃、ドラッカーは雨宿りに立ち寄ったロンドンの画廊で日本の水墨画に出会い、日本に夢中になるんですよ。

そして、その日本が近代国家を築くにあたって、注目すべき経験をしていることを知ります。明治維新です。明治維新から学べるものがあるんじゃないか、ということで日本を勉強するわけです。日本への関心は、そこから後年までずっと繋がっていきます。

――そのころドラッカーは何歳ぐらいだったのでしょう?

ロンドンでドラッカーが水墨画に出会ったのは、24歳のときでした。「水墨画に恋をした」とご本人は言っています。

日本では、まず大化の改新があり、中国の文明を一気に取り入れて消化し、日本のものにした。そして明治維新では、西洋の文明を取り入れて自分のものにしたんです。

日本の文化は全体を命あるものとして〝見る〟文化です。全体を一つのものとして把握し、消化することができる、というものです。その能力がなければただ真似するだけになってしまう。真似じゃないんです、日本の場合は。自分のものとして取り込むわけで、これをドラッカーは「西洋の日本化」と呼んでいます。「日本の西洋化」じゃないんですね。

デカルト*の〝理性〟が組織社会の基をつくった

――マネジメント論に戻りますが、ドラッカーがマネジメントを考え出すに至る背景とは、どのようなものだったのでしょうか?

人間が組織を作って働くようになった大本《おおもと》をたどっていくと、モダンの創始者ともいえるデカルトに行き着きます。それまでの世界はすべてが複雑で捉えきれない、しかも変化していく。それが当時の人間にとっては暗黒に見えたわけです。「中世の暗黒」ですね。

そんななかで、理性の力、知性の力を頼りに、因果関係を追っていくと世界が見えてくるんじゃないか、世界が分かるんじゃないかと考えた幾何学者がいた。それがデカルトです。幾何学者らしいと思うんだけれども、ものを見る土台をしっかりとこしらえようということで、「われ

*ルネ・デカルト（1596~1650）フランス生まれの哲学者、数学者。解析幾何学の発展に貢献する一方、『方法序説』『哲学原理』などを執筆し、近代哲学の父と称される。

思う、ゆえにわれあり」*と唱え、そこから近代合理主義、モダンの時代が始まったんです。

それがやがて技能を技術に変え、科学というものをもたらし、大量生産を可能にする産業と社会の仕組みが作られはじめる。たとえば蒸気機関が発明されれば、蒸気機関を作る工場だけでなく、それを生産するための工具を製造する工房ができたり、そのほかにもさまざまな事業、施設が生み出されていく。

人々は豊かさを求めて、生産力の増大へと歩みだす。つまり大量生産の基礎になるものをデカルトの近代合理主義は作ってくれた。デカルトからスタートして産業革命が実現することになりました。

そして、その結果として、人と人とが一緒に働く「組織」というものが生み出されたのです。

さらにその後、生産活動に必要とされる知識や技術は高度なものが要求されるようになり、ますます組織なしには仕事ができなくなってきた。

---

*「われ思う、ゆえにわれあり（私は考える、だから私は存在する）」デカルトが著書『方法序説』の中で提唱した有名な命題。デカルトはこれまでの知識をすべて徹底的に疑うことから出発したが、最終的に考える「われ」という主体の存在は疑いえないとし、これがヨーロッパ近代思想の出発点となった。

生産手段が高度化し大規模化したために、人々は共に働かざるを得なくなる。だから、その組織をどのように動かしていくかということが重要になった。そこで、ドラッカーはマネジメントの研究に没頭するようになったわけです。

――もはや、組織なしには人間の社会は成り立たなくなった、ということですね。

人と人とが一緒に働く世の中になると、バラバラで働くというところにはもう戻れないのです。

だから組織社会におけるマネジメントっていうのは、野球のチームだけじゃない。あらゆる組織について言えます。

野球部にいた連中などは、卒業して会社という組織に入ると、概して仕事ができると評判がいい。体育会系はいいって採用担当者が言うのも当たり前なわけです。なぜなら、人は生まれてから就職するまでは、人と人とが一緒に活動する場というのは、学校の部活以外にはないんだから。教室のなかにはないんです。教室っていうのは、一人の教師のほうをみんなが見ているだけで、生徒と生徒が組織として活動するということがほとんどない。

だから『もしドラ』の舞台は野球部なんですね。しかも、高校生の部活でもマネジメント論が十分に通用するっていうのは、まさにドラッカー理論の普遍性なんだろうなと思います。

理性の限界を打開するポストモダン*の方法とは？

――そのマネジメントの方法も、デカルトによる理性一辺倒《いっぺんとう》のやり方では対応できなくなり、ポストモダンの枠組みのなかで考えざるを得な

＊ポストモダン（postmodern）
近代合理主義がもたらした行き詰まりを打開しようという思潮。もとは建築用語であったが、芸術全般、哲学、社会科学等で広範に用いられる。

くなった？

モダンの組織社会がやってきて、理性というものに重きを置くようになった。しかし、理性至上主義では立ち行かないことが、しだいに明らかになってきます。

つまり、この世にあるものは、あらゆる要因が互いに作用し合っているので、因果関係では捉えきれないんです。部分の和は全体にはならないんですね。当然こうすればすべてうまくいく、というような万能薬もほとんどの場合存在しないという認識に至るわけです。

モダンの後のポストモダンの世界では、現実というものをバラバラに分解しないで、全体を全体として捉えることが要請されます。因果よりも形態、論理より知覚、左脳より右脳を重視しろ、あるいは少なくとも同等に重視しろというわけです。

組織構造についても決定版というようなものは存在しなくなり、〝多様かつ柔らかい組織〟が求められるようになります。

――では、ポストモダンの具体的な方法とは、どのようなものなのでしょうか。

ドラッカーがはじめてポストモダンに言及したのは、1957年の『変貌する産業社会』*においてですが、そこではポストモダンにはいまだ方法論がない、体系がない、言葉もないと述べています。

でも、それ以降の著作をたどっていくと、ドラッカーがその後3分の2世紀をかけて語ってきたことは、ポストモダンのための手段や道具を私たちに与えてくれる作業だったのではないかと思えてきます。

そしてそれらのものは、「ポストモダンのための作法」として7つにまとめることができるのではないかと思っています。

まず第1に、全体を命あるものとして「見る」ことです。しらみ潰し

*『変貌する産業社会』現代経営研究会訳、ダイヤモンド社刊

に見ることです。さらには補完として「聞く」ことも大切だと、ドラッカーは述べています。見る人によって、見る角度によって見えるものは違ってきます。そのときはじめて命あるものの全体像が見えてきます。

2番目は、わかったものを使うということです。わからないものだらけなのですから、わかったものは大事にして使わなければなりません。ドラッカーいうところの「すでに起こった未来」や「予期せぬこと」が、このわかったものに該当します。「わかったもの」とはすでに起こったことで、原因や理由はわからなくても使えるものは何でも使おうという姿勢です。

3番目は、基本や原則を使うことです。ただし、万能薬はないわけですから、いわば〝補助線〟として役立てようということです。

4番目は欠けたもの、つまりギャップやニーズを見つけようということです。この世のものにはみな秩序のごときものがあると確信し、見えているものから見えない大事なものを明らかにしていこうというのです。

つまり「未知なるものの体系化」です。そうすると逆に、現在見えているものの意味も鮮明にわかってくる。この見方こそ、ドラッカーのイノベーション論の根底にあるものです。

5番目は、自らを陳腐化させること。ドラッカーによれば、あらゆるものが陳腐化します。したがって陳腐化させられることを防ぐ手立ては、自らが自らを陳腐化する以外にありません。すなわち自らがチェンジ・リーダーになることが大切です。

6番目は、仕掛けを作ることです。たとえば、失敗したことについて会議を開くように、成功したことについても会議を開くのです。あるいは綿密なアクションプランを作り、状況に応じてどんどん修正していくことを慣習化するのです。

そして7番目が、モダンの方法を使うことです。ポストモダンはモダンのすべてを否定するものではありません。すでに人類が350年にわたって磨きをかけてきた方法なので、論理と分析はポストモダンの時代でも十分有効です。ただし、限界はわきまえなければいけません。
以上が、私なりにまとめた「ポストモダンのための7つの作法」です。

入門者でも挫折しない『マネジメント[＊]』の読み方

——さて、『もしドラ』を読んでドラッカーに関心を持ち、ドラッカーのことをもっと知りたいという人が増えてきたと思うのですが、最初に読むべきドラッカーの本とは何でしょうか？

やはり、主著である『マネジメント』だと思います。

——『マネジメント』は完訳版とエッセンシャル版がありますが、エッセンシャル版でいいでしょうか。

＊上田訳の完訳版『マネジメント』は以下の書名で出版されている。『ドラッカー名著集13　マネジメント［上］—課題、責任、実践』『ドラッカー名著集14　マネジメント［中］—課題、責任、実践』『ドラッカー名著集15　マネジメント［下］—課題、責任、実践』上田惇生訳、ダイヤモンド社刊

とりあえずは、マネジメント論の大事なところが集約されているエッセンシャル版で十分です。完訳版だとかなりのボリュームになりますから。

　そこで、『マネジメント』の読み方ですが、まずは『もしドラ』に引用されている箇所をチェックするのがいいでしょう。引用箇所にはエッセンシャル版『マネジメント』のページ数が書かれていますから、すぐに確認できます。

　そして、目次などを見てざっと本の構成を頭に入れ、引用されている文章を順を追ってもう一度読んでみると、『マネジメント』という本の全体像、さらにはマネジメントなるものの全体像がつかめるはずです。いきなり読みはじめるよりも、すっきりと早く理解できると思います。

なお、『マネジメント』の特徴は、マネジメントのスキルや組織ではなく、マネジメントの目的や役割から入っているところにあります。

――『もしドラ』はおもしろかったけど、いざドラッカー本人の著作を読もうとすると、難しくてなかなか読み進めないという方がいらっしゃるようですね。

そういう方にこのやり方がお勧めなのです。『もしドラ』を読んで感動した、啓発されたというその〝種〟となっているものが、『マネジメント』という本のなかでどんなふうに位置づけられているか、それがよくわかると思いますから。

――ほかにお勧めの本があれば教えてください。

エリザベス・H・イーダスハイム[*1]『P・F・ドラッカー――理想企業を求めて』[*2]も入門者にはわかりやすい、いい本です。イーダスハイムさ

＊1 エリザベス・ハース・イーダスハイム　経営戦略コンサルタント。マサチューセッツ工科大学（MIT）で博士号を取得後、1979～1988年マッキンゼー・アンド・カンパニーに勤務。その後独立し、大手企業のコンサルティングのほか、ニューヨーク・タイムズ等に多数の論文を執筆。

＊2 『ドラッカー――理想企業を求めて』エリザベス・ハース・イーダスハイム著／上田惇生訳、ダイヤモンド社刊

んはマッキンゼーの経営戦略コンサルタントとして活躍してきた方で、ドラッカー本人から指名され、1年半にわたるインタビューにより作られた本です。最晩年のドラッカーが語る言葉には、驚くほどの説得力があります。

もう一冊挙げたいのは『プロフェッショナルの条件』*。これは、自己実現をテーマにドラッカーの著書、論文からエッセンスを抜き出してまとめたものです。ドラッカーを読みはじめたばかりの方には、ドラッカーの教えの身近な側面を知るための指針となるはずです。

解説書だけではドラッカーの全体像はつかめない

――そのほか、何か入門者向けのアドバイスはありますか?

＊『プロフェッショナルの条件―いかに成果をあげ、成長するか』上田惇生訳、ダイヤモンド社刊

ドラッカー理論の解説本、啓蒙書の類いはたくさん出版されていて、それぞれ素晴らしいのですが、どの本もその著者が捉えたドラッカーについて書いているんですね。

――つまり、ドラッカーの一面しか表現できていないということですか？

そうです。読者の関心と著者の関心とがぴたりと合っていれば問題ないのですが、合わない場合はドラッカーの一面に焦点を合わせているために、本来関心を持つ部分があるにも関わらず、そのことを知ることができない。へたをすると、ドラッカーに一生縁がなくなってしまう危険があるわけです。

たとえば、ドラッカー理論をベースにしたハウツーを先に手にしてしまうと、ドラッカー思想の奥深い哲学が見えてこない。ドラッカーの原典を読めば夢中になる人でも、「ハウツー」と早合点して、ドラッカーの実像を知る機会を逸してしまうことがあると思います。

——そういう意味では、『プロフェッショナルの条件』は、初学者にとってはいいガイド役になるのではないでしょうか。

あの本は、ドラッカーの世界がきちんとわかるものを作りましょうということで、ドラッカーさんと一緒に作業して作ったものですからね。ただ、『マネジメント〔エッセンシャル版〕』なり『プロフェッショナルの条件』なりを読んだら、それだけで終わりにせず、できれば2冊、3冊と、パラパラとでもいいから読み進めていくことをお勧めします。そして気にいったところが出てくれば、さらに深く論じた著作へと進むのがいいでしょう。

そうして、5年後に再び初めのころに読んだ本に立ち戻ると、印象が変わったり、発見をしたりということがあります。それが読んだ人の成長の証しだと思います。

読書会などを利用するという手もあります。学校や勤め先などで一冊の本をみんなで読むという読書会ですね。今では日本中あちこちでドラッカーの読書会がありますけれども、たまたま生活圏にそういう組織があれば参加するのもいいかもしれません。

ただ、ドラッカーの本はひとりで気楽に、どこのページから読んでもいいんです。ドラッカー自身がそういう考え方だから。

ドラッカーが新しい本を書くときは、全体の構想がまとまったら、その中で大事と思うことをまず雑誌に書く。またほかの部分について、別の雑誌に書く。それをガシャンと一つにまとめて本にするという方法を取っているんですね。

だから、ドラッカーの著作の多くは、1章を受けて2章を書き、2章ができたら3章へ、と因果関係で論理が展開されていくわけではないんです。その根底には、この世界は理路整然と一貫した論理では説明しきれないという認識があるのでしょう。

だから、読む方も気に入ったところだけ読んでいい。まさに自分のために書いてくれたと思うところを一生懸命読めば、連想が広がり、自分自身の考えも発展させていける。

何もドラッカー学の試験があるわけじゃないし、暗記する必要もないんだから、そうした無手勝流《むてかつりゅう》の読み方でドラッカーへの理解を深めていけばいいと思います。それがコツだと思います。そうしてドラッカーが自分のものになるんです。

学んだ成果を発表する場もあるドラッカー学会*

――今お話に出た読書会ですが、ドラッカー学会でも読書会の活動は

*ドラッカー学会　2005年11月設立。ドラッカー本人から設立の承認を受けた世界でも数少ない団体の一つ。ドラッカーの思想全般と経営理論に関して、学界、ジャーナリズムおよび産業界等の連絡と協力に基づいて、学術的、実務的交流を推進し、その深化、継続、啓蒙、発展をはかることを目的とし、講演会、研究会、交流会等さまざまな活動を行っている。代表は上田惇生氏。

活発にされているとお聞きしましたが。

そのとおりです。ただ、学会のホームページ*を見ると日本全国で読書会や研究会の案内が掲載されていますが、その多くは会員でなくても参加できます。

——ドラッカー学会は、今年で創設６年目です。会員数も増えてきているのですね。

現在の会員数は７００人ほどです。

——社会人、学生を問わずいろいろな方が会員になられているわけですね？

＊ドラッカー学会ホームページ
http://drucker-ws.org/

大手、中堅企業の社長さんから新入社員までさまざまです。大企業の経営者、財界人もいます。経営学者もいれば学生さんもいます。また、会計士さんなどの士業、サムライ業の方々ですね。あとはコンサルタントやモノを書く方など顔ぶれは多彩です。

——会員になると、ドラッカーを学ぶ上でプラスになることはありますか?

一番大きなことは、ドラッカーについて自分なりに考えたことを書いて、それを発表する場があるということですね。そういう機会があることは励みになりますね。また、他のメンバーがドラッカーのことをどのように捉え、考えているかがわかることも有益です。

こうした発表の場として、月1回ペースの勉強会や読書会のほかに、年に2回、春と秋に大会を開いています。秋の大会は地方で行われ、今年は9月に旭川で開催します。

――そうした活動を通じて、ドラッカーへの理解が深まってくるわけですね。

ドラッカーが書いたものの奥には、大きな世界観があるんだということがわかってきます。そこに醍醐味があるんですね。その点、気軽に手に取れるハウツーばかり読んでいるとドラッカーの実像がつかめないのではないかと思います。

やはり、原典を中心にドラッカーに親しんでいくと、自分が日ごろ考えていたことをドラッカーが発展させ、理論としての普遍性を与えてくれたなどと、まさに「ドラッカーは自分のために書いてくれた」と思えてきます。それがドラッカーが多くの人から支持され愛される理由ではないでしょうか。

ドラッカー理論は経営の現場で本当に役立つか？

——経営者などのなかには、プラクティカルにドラッカーを自分のビジネスに役立てたという方も結構いらっしゃるのでは？

ドラッカー理論を経営の指針にしていらっしゃる経営者はもちろん沢山いますが、ドラッカーを読めばすべてうまくいく、というわけではありません。

なぜかというと、自分の気に入ったところばかりを読んでしまうことがある。虚心にドラッカーと向き合い、ドラッカーから常に新しいものを学んでいこうという姿勢であれば素晴らしいと思いますが。

それと、ドラッカーを読むことで成功の確度は高くなると思いますが、地価の暴騰暴落とか、産業構造の変化など、自分の努力ではどうにもならないものがあるでしょう。だから、ドラッカーが絶対の万能薬になるわけではないんですね。それはまた、ドラッカーの教えるところでもあるんですが。

ドラッカーが企業を対象におこなった最初のコンサルティングは、GM*に対するものだったのですが、そのときにドラッカーが述べたいちばん最初の助言は、「経営に絶対はない」ということでした。

ドラッカーがおこなったアドバイスはこうです。――今、世界中の会社の中で経営が一番うまく行っているのは、GMさん、あなた方ですよ。GMの経営方針、あるいは経営政策というものは、もうほとんど完全と言っていいくらいすばらしい。

だけど、3つほど気になることがある。まず第1に、自らの経営が絶対だと思っているところです。――これは間違いだとドラッカーは指摘しました。しかし、GMはこれが気に入らなかった。

*GM
ゼネラルモーターズ（General Motors Corporation）の略称。アメリカ合衆国ミシガン州デトロイトに本社を置く自動車メーカー。フォードモーター、クライスラーとともにいわゆる「ビッグ・スリー」の一角をなす。2009年経営破綻するが、米政府の後押しで2010年ニューヨーク証券取引所等に再上場を果たす。

それから第2に、仕事というものを本当に知っているのは現場であるということ。つまり、現場の従業員にマネジメント的な視点を持たせなさいとドラッカーはアドバイスした。しかし、これもGMには受け入れられなかった。GMにすれば、工場の工員が仕事のなんたるかを知っているはずはなく、大学を出た経営幹部が現場を指揮しなければならない。そういう考え方だったからですね。

そして第3は、世の中にもうちょっと目を向けなさい、と。世の中のためになることは、本業に支障がないかぎりは手伝ってあげなさいということでした。企業として得意技があるなら、それで世の中に貢献できる。だから、そちらの方にちょっとは目を向けなさいよ、とそれだけ。大したことを言ったわけではない。でも、それもGMは嫌だと言ったんです。

GMにしてみれば、社会的責任とは、いい自動車を安く提供することでした。それでザッツ・オール。でも、それだけじゃだめなんです、きちんと社会と向き合わなければ。

——もともとは、ＧＭの方からドラッカーにコンサルを依頼してきたのですよね。

ところが、ＧＭについて調査した結果をまとめたこの本——『企業とは何か』*ですが、ＧＭでは禁書扱いになってしまったんです。のちに、消費者運動家のラルフ・ネーダーがＧＭ車の欠陥を告発する本を出版したとき、ＧＭはネーダーの弱みを握ろうと探偵に尾行させたけど、それがバレてしまって世間の顰蹙《ひんしゅく》を買い、議会でも散々に叩かれた。

ドラッカーの助言を聞き入れ、世の中というものをちゃんと見ていれば、そんなことにはならなかったはずです。自動車の世界しか見ておらず、いい車さえ作れば何をしてもいいという考え方だったんでしょうね。

だからある意味じゃ、経営っていうものには、落とし穴があちこちに

＊『ドラッカー名著集11　企業とは何か』上田惇生訳、ダイヤモンド社刊

あるということでもあるんですね。

互いに意識しあっていたドラッカーと松下幸之助

——逆に、成功した経営者のなかには、ドラッカーを知らずにドラッカー理論を実践してこられた方もいると思います。

先日、不況下でも高い利益率を維持しつづけている中堅メーカーの社長さんのお話を伺う機会があったのですが、その成功の秘訣として、「好調のときこそ事業の見直しをすべきである」とおっしゃっていました。これはまさにドラッカーが述べていることですね。

ドラッカーが考えた方法論と、優れた経営者が経験を通じて得た経営手法には、共通するものがあるんだと思いますよ。

キャノン電子社長、酒巻久さんの『ドラッカーの教えどおり、経営してきました』*が話題になっていますが、まさにタイトルの通り、ドラッカーの思想や理論を日々の経営にいかに生かしてきたかについてお書きになっています。

ドラッカー理論を経営に生かし成功している企業にはいくつかパターンがあって、まず、IBM、GE、P&Gなど、ドラッカーから直接コンサルティングを受けている企業。そして、グーグルやユニクロ、トヨタなど、ドラッカーの書いたものを読んで、それを経営に利用しようという企業。

トヨタでは、経営のすべてをドラッカー理論の通り実践しているわけではないでしょうが、ドラッカー好きな方は多く、ドラッカーについて講演できる人たちもたくさんいます。

それから、今伺ったお話のように、ドラッカーを知らずして行ってきた経営が、図らずもドラッカーの理論を実践していたことに後で気づく

---

* 『ドラッカーの教えどおり、経営してきました』酒巻久著、朝日新聞出版刊

といったこともあります。某社がこのケースです。ただ、この会社では、自分たちで一生懸命に考え出したことでもあり、社内のモラール維持を図る意味からも、そのことを公にしなかったそうです。ドラッカー自身もそれでかまわないのだと語っています。

それから、おもしろいと思うのは、ドラッカーと松下幸之助[*1]の関係。昨年、ドラッカー学会会員の渡邊祐介さんが書いた『ドラッカーと松下幸之助』[*2]という本でも触れていますが、両者を引き合わせようという話はあったけど、残念ながら実現しなかった。しかし、互いのことはよく知っていたのではないか。松下はドラッカーを読んでいたのではないかと思いますよ。ドラッカーの著作にも松下電器の話は出てきます。

日本の某大手電機メーカーの幹部がアメリカで「日本でのテレビの普及はまだ先。それほどの購買力はないから」と言っていた頃、「いや、まだ日本は貧しいけれども、テレビはみんなが欲しがるはずだ」とテレビで成功したのが松下だったということを書いています。

＊1 **松下幸之助**（まつした・こうのすけ）1894年和歌山県生まれ。1989年没。パナソニック（旧社名：松下電器産業、松下電器器製作所、松下電気器具製作所）を一代で築き上げ、経営の神様と称される

＊2 **『ドラッカーと松下幸之助』** 渡邊祐介著、PHPビジネス新書

ドラッカーを読むと「儲かりますか」なんて言わなくなる

――不思議なのは、ドラッカー自身は経営の実務に携わった経験がないですよね。にもかかわらず、世界中の経営者たちが指針とするような経営の道すじを切り開いてきたというのは、すごいことですね。

しかし、ドラッカー本人が企業経営の第一線で辣腕《らつわん》を振るうことができるかというと、どうもそうではないらしい。

ドラッカー夫人のドリス・ドラッカー*は、もともと法律を学んでいたのですが、ドラッカーと同じゼミにいて、ドラッカーの指導も受けていたんです。その後、ロンドンで再会して一緒になって、ドラッカーとアメリカに渡った。本来は数学や物理が好きだったらしく、子供が成長し

＊ドリス・ドラッカー　1911年6月14日ドイツのケルンに生まれる。法律と経済を学んだのち物理学を修め、修士号を取得。1937年1月16日にピーター・ドラッカーと結婚。その後アメリカで大手出版社の科学編集者、弁理士として活躍。1996年には自ら発明した製品の商品化を図り、その経営にも携わる。

たあと、大学の工学部に通って学位を取って、特許弁理士になるわけです。さらにコンサルタントも経験し、ついには自分が発明した製品の事業化のために、起業するに至ったのです。

そこで、その新しい事業について『インク』という雑誌が特集を組み、ドリス・ドラッカーにインタビューをした。インタビュアーが、事業を立ち上げるにあたってご主人の助けが大きかったんじゃないですか、と聞いたところ、ドリスが何と言ったかっていうと、「何の役にも立たなかったわ」（笑）。

だから、ドラッカーが書き続けてきたことは、それほど特別なことではなかったのかもしれない。何というか、いわば一般的な常識があれば理解でき実践できることを指摘してくれたんじゃないか。ただ、誰もが心の隅で「ほんとうはこうではないか？」と思っていたことをドラッカーは明晰なことばで語ってくれた。

――だから、ドラッカーの読者は「これこそ自分が考えてきたことだ」「自分のために書いてくれたんじゃないか」などと思うのでしょうね。

ドラッカーの読者の特徴を象徴的に言うとですね、他の経営者に対して「儲かりますか?」という質問は絶対にしなくなる。ドラッカーを読む人と読まない人の違いはそこなんですね。

――近代の経済学者、社会科学者たちの視線は「いかに利益を上げるか」という一点に向かいがちですね。、そうしたなかで、ドラッカーのスタンスはとても異質に思えます。

そもそも「儲かりますか?」っていうのは下品。ドラッカーを読めば下品と感じるようになるんです。ただもちろん、いい方向に事業を導き発展させるためには利益が不可欠だから儲ける必要はある。だから、あくまで条件なんです。目的じゃなくて。

——企業の目的が利潤追求じゃないと言い切ったのは、衝撃的なことだったのでは？　そんなことを言った経済学者、経営学者は今までいなかったですよね。

あえて言わせてもらえば、経済学者の多くは罪深いと思いますよ。理論としての正しさは少しはあるのだろうけれど、人間というもの、社会というものの全体をきちんと見ていない。だから、結果として正しくないことを主張することになってしまう。

ドラッカーは「背中を押してくれる人」

――さて、ドラッカーの著書のほとんどを翻訳した上田さんは、長年にわたって個人的にもドラッカーと親しく付き合ってこられたと思うのですが、ドラッカーの人となりを象徴するようなエピソードはありますでしょうか。

私が提案したことに対して、NOと言ったことは一度もないんですよ。だから、ドラッカーは背中を押してくれる人です。あの『ビジョナリー・カンパニー』を書いたジェームズ・コリンズ[*1]もそうだけど、そう思っている人はすごく多いですね。P&GのCEO、ラフリー[*2]もドラッカーに背中を押された、もっとやれもっとやれ、と。そういう思い出を語る人はたくさんいます。

私は大学を卒業して経団連に入ったんですが、そこで言われたのが、

---

*1 **ジェームズ・C・コリンズ** スタンフォード大学ビジネススクール教授を経て、経営研究所を主宰。企業や非営利団体の指導者を対象としたコンサルタントとして活躍。著書に世界的なベストセラーとなった『ビジョナリー・カンパニー』など。

*2 **A・G・ラフリー** 1947年生まれ。海軍補給士官を経てハーバード・ビジネス・スクールに学び、MBA取得後P&Gに入

経済団体なんだから経済を知らなければいけない、経済を知る上ですごくいいのは、英語で書かれた経済の本を翻訳することだ、と。そこで細々と続けてきたんですが、あるとき出会ったのがドラッカーの『マネジメント』だったんです。

分厚い本で、原書でも800ページです。それを6人がかりで翻訳することになった。それぞれ担当した翻訳ができあがったんだけど、突き合わせてみると、文章が不統一で読みにくい。結局まとめるにあたって、あちこち手直しが必要で、大変な作業となりました。

そこで、私はドラッカーに手紙を書いたんです。とにかく厚すぎるって。内容も重複があるし。だから薄くコンパクトにできる。もし、それができたら翻訳して日本で出版したい、と。

そうしたら、返事が来て、自分でもそう思うと言うわけ。自分も厚いのは嫌なんだけど、結果としてああなっちゃったんだって。薄くできるならやってほしい、と。

社。2000年7月に会長兼社長兼CEO。2006年に「チーフ・エグゼクティブ」誌のCEOオブ・ジ・イヤーに選出。

そこでさっそく作業を開始して、まずは自分が疑問に思う点を確認することにしました。ここは変だ、ここは分からない、といったところをピックアップしていくと、全部で100カ所くらい出てきた。

そのうちの70〜80カ所は私の読解力の問題だったと思うけど、20〜30カ所はドラッカーの側の問題でした。こっちで5つだと言っていたのが、別の箇所では4つになっていたり。まあ、これだけ厚い本だとそんな不整合は出てくるものですが、ドラッカーは「そこまで私の本を詳しく見てくれているのか」ということで、私という人間に関心を持ってくれたようです。ドラッカーとの関係が深まっていったのは、それからですね。

——そして『抄訳版マネジメント』ができあがったのですね。

そうです。そして、抄訳版が出て25年経ってから——実に四半世紀ぶりとなりますが——、あらためて訳し直したのが『マネジメント〔エッセンシャル版』』なのです。
　そのエッセンシャル版が出て10年後に、今度は岩崎さんが『もしドラ』を書いたんですね。だから、『もしドラ』が読まれるなか、そのおかげをこうむって、エッセンシャル版も読まれています。そこで「ずい分読まれていますね」と言われると、私は、かれこれ35年も待っていたんですよ、と申し上げています。

――でも、先生が抄訳版とエッセンシャル版を作られたおかげで、早く日本にドラッカーが浸透したということは言えますね。

　抄訳版、エッセンシャル版ともにドラッカーと一緒に作ったわけですが、実はアメリカでは出版されていないんです。最初にドラッカーと話したときは、アメリカでも出版する計画だったんですが、どっちも忘れちゃって。そのままになっちゃった。

そのほか、日本だけで出版されているアンソロジー的な本もいろいろあります。

たとえば、1999年に『明日を支配するもの』*を出版したんですが、21世紀のマネージメント革命をテーマにしたすごく面白い本です。これを出したあと「もっとドラッカーの本を読みたいのだが、何を読んだらいいか」と、たくさんの人から聞かれたんですね。

ドラッカーにそのことを話し、あなたの世界がわかるようなものを出そうじゃないですかって提案したところ、「やろうやろう」って。

つまり彼は常にやろうやろうって言ってくれるの。名言集を出そうって言ったときも「ぜひやろう」って。そうやっていっぱいいろいろな本が生み出されたんですね。

そんないきさつで私が編集したドラッカーの本は、『プロフェッショナルの条件』を始めとして10冊あります。だから彼は、背中を押してくれる人。そこからまた、新しいものが生まれてくるんです。

＊『明日を支配するもの—21世紀のマネジメント革命』上田惇生訳、ダイヤモンド社刊

経済の仕組みに影響を与えたドラッカーのアドバイス

——ドラッカーが、企業のあり方そのものを変えてしまうようなアドバイスをしたことはあったのでしょうか。

やはりドラッカーがコンサルをしているある証券会社の話ですけれども、企業にコンピューターが導入され始めたころのことです。

情報化社会がいよいよやってくる、証券会社でも情報をコンピュータで管理し処理しなきゃいけない時代がすぐそばまで来ているということで、その会社の幹部の間でも、何とかしなければという思いが高まってきた。でもその当時、コンピューターを買うお金なんか、証券会社にはなかった。

なぜならば、当時のアメリカでは、証券会社は自分の会社の株式を上場することはできなかったから。コンピューター導入のための資金を調達する場がなかったんです。証券会社だけに、自ら上場などすれば、どんなにいい加減なことが行われるかわからない、出所が怪しげな資金が暗躍したりして、証券界はマフィアに乗っ取られちゃうんじゃないかということで禁じられていた。

そのときドラッカーは何と言ったか。「これは将来の資本市場をどう考えるかっていうことに関わる問題ではないか」って。つまり、今の理不尽な制度のままでは、資本市場で重要な役割を担う証券会社がダイナミックなビジネスを展開できないのだから、資本市場の発展はありえない、変えるべきだ、と。だからこれは、背中を押したというよりも、そそのかしたと言った方がいいかもしれない。

それでとうとう、その証券会社はニューヨーク証券取引所に対して、自社の株式の発行と上場を許してくれないならば、ニューヨークを去ります、シカゴに移って上場に向け運動をしますって宣言した。
その結果、証券会社の株式の上場が認められ、資本市場から資金を調達できることになった。つまり、ドラッカーは助言を通じて、資本主義の根幹に影響を与えるようなことまでやってしまったわけですね。

――先生からご覧になって、メディアや社会などでドラッカーの実像が正しく理解されず、誤解、曲解されているとお感じになることはありますか？

やっぱり経営をテーマにした本だから、金儲けのハウツーの本だと思っている人が結構多い。で、ドラッカーはハウツーだから嫌だっていう人もいるんですよ。最近のビジネス書はハウツーものが多いから。あるいは仕事の方便や処世術みたいに思われているっていうのがちょっと残念です。

それから、処女作『「経済人」の終わり*』が書かれたのが70年も前のことなので、ドラッカーは古いと思っている人がいる。20年ほど前に、大学の先輩で、慶應大学の教授になった人から「このごろは何やっているんだ」って聞かれたので、ドラッカーを訳していますと言ったら、ずいぶん古いことやっているなと言われてしまった。ドラッカーの活躍期間が長かっただけに、すでに過去の人だろうと思い込まれていたのですね。

——ところで、ドラッカー・ファンのことを「ドラッカリアン」と呼びますが、この言い方は独特ですね。ドラッカーの信奉者だけですよね、こういう呼び方をするのは。

ケインズ主義者を「ケインジアン」っていうのと同じなんですが。ドラッカーの場合は、ひときわ〝熱い〟支持者が多いということなのでしょ

＊『ドラッカー名著集9「経済人」の終わり』上田惇生訳、ダイヤモンド社刊

うね。

「ドラッカライツ」なんて言い方もありますが、「ドラッカリアン」がやはり一般的でしょう。


——では、「ドラッカリアン」の特徴とは?


日本人だと、全体的に柔らかい頭の人が多いと思いますね。でも一方で、ドラッカーの本を聖書みたいに一字一句読んでひたすら尊敬する、というタイプの方もいます。

これは、注意しないと落とし穴になりますね。ドラッカーのことばは石に彫り込まれた文字ではなく、基本とはいっても日々変化していくものだから、柔らかい頭でそれを発展させていくのはあなたですよ、それが大切なことですよって言いたいですね。

また、熱心な方のなかにはここをどう解釈したらいいでしょうかと、質問してこられる方もいらっしゃいます。でも、ディテールにこだわる必要はないと思います。全体が見えなくなることがありますから。

生涯「見る」ことに徹したドラッカー

——では、つまるところ、ドラッカーとは何者なんでしょうか？

ドラッカーは自らを社会生態学者と呼んだのですが、生態学者の役割は「見る」ことなんです。そこからドラッカーは、自分のことをゲーテの『ファウスト』*に出てくる物見の役のリュンケウスだと言っているんです。

『ファウスト』の最終幕が上がると櫓《やぐら》が建っているんですが、その上にいるのがリュンケウスです。そこから世の中で何が起こっているかを

＊『ファウスト』 15〜16世紀ドイツに実在した錬金術師をめぐる民間伝説をモチーフにした長編戯曲で、ゲーテが生涯をかけて執筆した代表作。悪魔メフィストフェレスと契約を交わしたファウスト博士が、グレートヒェンとの悲恋をはじめさまざまな遍歴を重ね、最後は愛によって救われ昇天するまでを描く。

教えてくれる。そこでドラッカーは、「見るために生まれ、物見の役を仰せつけられ」と言うリュンケウスこそ自分だというのです。

しかし、この世の中のことには因果関係があるんじゃないか。何でも部分に分解して、部分間の関係を見れば、全体が明らかになるんじゃないかと言った人がいた。デカルトっていうのは、ある意味じゃ素っ頓狂《すっとんきょう》ではあるけれども偉大だったんです。そこから近代合理主義が生まれた。

でも21世紀になってみると、ほとんどあらゆる問題が理屈だけじゃ解決できないことが明らかになってくる。全体を全体として見なければいけない。分析じゃない。

――だから、右脳を使わなければならない。

パーシーブしなければいけない。コンシーブするだけでは限界に達してしまうんです。

ドラッカーは子供のころから、理屈ですべてがわかるわけないじゃないかと考える子だった。ある意味じゃ、めちゃくちゃ生意気な、ちょっと年寄りじみた……。

何しろ自分が「見る人間」だと自覚したのが13歳の時だったんだから。パレードの先頭に立って、赤旗を振って歩いていたときに、はっと思い隊列から離れた。そして自分を省みたときにすべてがわかったと。だから彼は、軍人にも政治家にも経営者にもならなかった。見る人間として、見たものを私たちに教えてくれる側に回ったんです。

——ドラッカーは「見る」人間として、独自のスタンスを取ったわけですね。

この複雑怪奇な世の中、現実にどのように対したらいいかという、ポストモダンにおける作法というか、ものごとの考え方ですね。つまり、行動の基準をどこに置くかっていうと、理屈だけじゃないんだから、理想を求めて手持ちの道具でケースバイケースで対処する。これしか方法はない。それがたまたま正統保守主義という、イギリスやアメリカの伝統的な方法論だったんですよ。コンサバティズム*ですね。

ただ、コンサバティズム、保守主義っていうとちょっと退嬰《たいえい》的な保守反動のにおいがするので、正しくは経験主義と言ったほうがいいかもしれない。文明というのは、その時代、その時代で大事なこと、大切なこと、ベストを尽くしてきたこと、それらの積み重ねだっていうことです。そういうものの見方ですね。

真理がある、そこまでは一緒なの。けれど、その真理がつかめるかつかめないかっていうと、保守主義・経験主義のほうはつかめないっていう。だから理想を求めて手持ちの道具でケースバイケースということになる。

つかめるっていうほうは、すぐに化けちゃうわけ。自分がそれをつか

＊コンサバティズム（保守主義）
一般的には、古くからの習慣や制度、考え方などを尊重し、急激な改革に反対することを意味する政治的イデオロギー、および社会的スタンスを指す。

んだという風に。だから、言うこと聞かないやつはギロチンかけたり、強制収容所に入れたり、銃殺したりと、人民の敵、進歩の敵にしてしまう。すごく危険な思想、ダメなものはダメ、問答無用っていう思想になっちゃう。それじゃだめなんです。

震災後の復興をドラッカーならどう考える？

――ところで、日本はかつてない大災害に見舞われました。ドラッカーがもし生きていたら、どんなメッセージを私たちに投げかけてくれるでしょう？

ドラッカーなら、日本人はどんな状況からも立ち直ることができる、そういう民族であると言うのではないでしょうか。日本という国の風土や国民性をよく知るドラッカーならではの考え方ですね。だから絶望することはない。堂々と日々やるべきことをやってほしい、というと思いますね。

そして、すでにあるものにとらわれないでやってほしい、という。かつてうまくいった方法でも次は失敗ということがあるわけだから、新しい状況に合わせて、手持ちの道具＝わかっていることを使って、ケースバイケースで問題を解決していってくださいと言うと思います。

さらにもう一つ、復興に向けては、恵まれない人の多い不条理な世の中ではなく、お金が中心ではない、自由で平等な〝人を大事にする社会〟の構築という理想を追い求めましょうと言うと思います。

3年前のリーマン・ショックのときにも申し上げたんですが、金儲け中心の経営者がもてはやされるようになっていた状況に、「日本は本来、お金のために働く国ではない」とドラッカーなら言ってくれたと思います。いい世の中を作るというのが、経済活動の目的なんですから。派遣切りなどとんでもない話です。

かつては、そういうことを叱る人がいたんですよ。石坂泰三[*1]とか土光敏夫[*2]といった人たちです。今は財界人も遠慮しちゃって言わないんですね。

――もともと経済至上主義でないところに日本人は価値を見出していたのに、方向としてちょっとおかしくなってきたと……

そうそう。その経済至上主義が終わったことを指摘したのが、ドラッカーの処女作『経済人の終わり』なんですね。それが1939年だから、実に70年前に提起した問題が今日でも通用するんです。

ドラッカーの問題意識は誰もが共感し、共有するものです。だからドラッカーは自分のために書いてくれたとみんなが思う。とくに日本人がそう思ってしまう。

＊1 **石坂泰三**（いしざか・たいぞう）1886年東京生まれ。1975年没。第一生命保険社長、東京芝浦電気（現・東芝）社長、経済団体連合会（経団連）第2代会長を務める。政官界の大物にも気骨ある態度で接し、「陰の総理」「財界総理」などと謳われた。

＊2 **土光敏夫**（どこう・としお）1896年岡山県生まれ。1988年没。石川島播磨重工業（現・IHI）社長、東芝

ドラッカーの3つの名言

——最後に、これからドラッカーを学んでいこうという読者にメッセージをいただけますでしょうか。

それでは、数あるドラッカーの著作のなかから——先ほど申し上げたことと重なりますが、代表的な名言を3つご紹介し、読者の皆さんへの私からのメッセージとします。

「成果をあげる人とあげない人の差は才能ではない。いくつかの習慣的な姿勢と、基礎的な方法を身につけているかどうかの問題である。しかし、組織というものが最近の発明であるために、人はまだこれらのこ

社長を務め、経団連第4代会長に就任。1981年には鈴木善幸内閣の第二次臨時行政調査会長に就任し行政改革に注力した。

とに優れるに至っていない。」（『非営利組織の経営』[*1]）

「われわれはいつの間にか、モダン（近代合理主義）と呼ばれる時代から、名もない新しい時代へと移行した。昨日までモダンと呼ばれ、最新のものとされてきた世界観、問題意識、拠り所が、いずれも意味をなさなくなった。」（『変貌する産業社会』）

「組織に働く者は、組織の使命が社会において重要であり、他のあらゆるものの基盤であるとの信念をもたなければならない。この信念がなければ、いかなる組織といえども、自信と誇りを失い、成果をあげる能力を失う。」（『未来への決断』[*2]）

＊1『ドラッカー名著集4　非営利組織の経営』上田惇生訳、ダイヤモンド社刊

＊2『未来への決断——大転換期のサバイバル・マニュアル』上田惇生他訳、ダイヤモンド社刊

〔ドラッカー読書案内〕——上田惇生の41選

ドラッカーの主要著作から41冊を選び、年代順に概要を紹介します。それぞれの著作の概要を知るだけでなく、通して読めば「社会」と「マネジメント」という、ドラッカーが関心を寄せた2つの系譜が著作活動のなかでどのような変遷をたどってきたかがわかると思います。

1.『「経済人」の終わり』1939年（ドラッカー名著集9、ダイヤモンド社）

第一次大戦後、民主主義が根づいていなかった国では、ブルジョア資本主義とマルクス社会主義に失望した大衆がファシズム全体主義にはしった。経済のために生き、経済のために死ぬという経済至上主義からの脱却を説く本書は、実に70年を経た今日、われわれの問題意識と同じである。

後の大英帝国宰相ウィンストン・チャーチルの激賞を得た。ドラッカー29歳のときの処女作であって、ナチズムの日常と本質を描いて息をつかせない。

2.『産業人の未来』1942年（ドラッカー名著集10、ダイヤモンド社）

社会が機能するには、一人ひとりの人間に「位置」と「役割」があって、かつそこに存在する権力に「正統性」がなければならない。

しかも、よりよい社会への改革の道は、現実に立脚した正統保守主義の原理によらざるを得ない。ソクラテスからフランス啓蒙思想、ルソー、ロベスピエール、社会主義、マルクス、ヒトラーとつづく進歩主義、全体主義の系譜の破綻を明らかにするとともに、イギリスとアメリカの正統保守主義の実績をこれに対比させる。

社会にかかわる一般理論を確立し、その産業社会への適用を特殊理論として展開したドラッカー社会学の原点である。

3．『企業とは何か』１９４６年（ドラッカー名著集11、ダイヤモンド社）

当時の世界最大最強のメーカー、ＧＭに招かれて同社を一年半にわたって調査したドラッカーがまとめた本書が、世界中の企業、政府機関、ＮＰＯの組織と経営に重大な影響を与えた。フォードの再建の教科書となり、ＧＥの組織再編の教科書となった。人類社会にとってのマネジメント、経営学は本書から始まった。今日の事業部制、カンパニー制も本書がいちはやく唱えていたものである。

4．『現代の経営』１９５４年（ドラッカー名著集2・3、ダイヤモンド社）

企業の機能はマーケティングとイノベーションである。経営の本質を明示することによって、世界中の企業と経済に直接の影響を与えたロングセラーである。

『企業とは何か』発表の後、ドラッカーは、産業社会の担い手たる企業とその経営の成否が社会の行方を左右するとの認識のもとに、マネジメントを深化集大成し、本書によってマネジメントの父と仰がれるようになった。ドラッカー経営学の原典である。

5.『変貌する産業社会』1957年（現代経営研究会訳、ダイヤモンド社）

本書においてドラッカーは、「われわれはこの20年の間のどこかで、モダンと呼ばれる時代から、名もない新しい時代へと移行した」と宣言した。あらゆるものを部分に分解しその最適化を図る近代合理主義の方法論の限界を指摘し、すべてを命あるものとして全体を知覚するべきことを説く本書は、21世紀の方法論の予告ともいうべきものである。

6.『創造する経営者』1964年（ドラッカー名著集6、ダイヤモンド社）

マネジメントの師たちの師とよばれるに至ったドラッカーは、世界の企業、政府機関、NPOの相談相手となった。その豊富な経験をもとに、事業とは何かを明らかにした世界最初の、かつ今日にいたるも最高の経営戦略書である。本書においてドラッカーは、事業とは顧客の創造であると断じている。

7.『経営者の条件』1967年（ドラッカー名著集1、ダイヤモンド社）

成果をあげることは学ぶことができる。かつて社会のパワーセンターは、国王をはじめとする少数支配者だった。今日では、組織とともに働く一人ひとりの人間である。全員がトップのように働かなければ、組織の成功、社会の繁栄はない。

プラトンからマキアベリにいたる賢人たちが時の支配者に教えたように、ドラッカーは現代社会の担い手たるわれわれ普通の人間に教える。万人のための帝王学として今日も版を重ねている。

8.『断絶の時代』1969年（ドラッカー名著集7、ダイヤモンド社）

地震の群発のように、激動が先進社会を襲いはじめた。その原因は地殻変動としての断絶にある。この断絶の時代をグローバル化の時代、多元化の時代、知識の時代、企業家の時代ととらえた本書は、世界中で世紀のベストセラーとなった。
今日まさにその渦中にある大転換期への突入の様相とその本質を明らかにしている。イギリスの首相マーガレット・サッチャーがドラッカーによるものとして推進し、やがて世界に広がった政府現業部門民営化の構想は本書で発表された。「現代社会最高の哲人」(ケネス・ボールディング)としての名声を不動にした名著である。

9．『マネジメント――課題、責任、実践』1973年

(ドラッカー名著集13・14・15、ダイヤモンド社)

われわれの社会は組織社会として極度に多元化した社会となった。経済的な財とサービスの提供、医療、福祉、教育、知識の探求から環境の保護まで、主な社会的課題のほとんどすべてが、専門の社会的機関にゆだねられた。それらの課題をいかに果たすかがマネジメントの課題である。原著800ページを超える本書は、今日も大学、ビジネススクール、

経営セミナーの教科書として使われている。「マネジメントを発明した男」（ジョン・タラント）の筆によるマネジメントの集大成である。

ドラッカー教授の指導のもとにこの『マネジメント』を英文のまま要約して翻訳したものが、『抄訳マネジメント』であり、それを訳し直したものが小説『もし高校野球の女子マネージャーがドラッカーのマネジメントを読んだら』（通称『もしドラ』）の主人公が参考にした『マネジメント〔エッセンシャル版〕』である。

10.『見えざる革命』1976年（ダイヤモンド社）

ドラッカーは予測しない。すでに起ったことの帰結を予告するだけである。50歳入口は20年後には70歳入口となる。高齢者の健康や住居しか論じられていなかったとき、まさに突然、ドラッカーが人口構造の激変の様相とその帰結について論じた。高齢化社会にかかわる必読の書である。社会の高齢化にともなう経済、社会、政治の変貌を描いて本書の右に出るものはまだない。

11．『傍観者の時代』１９７９年（ドラッカー名著集12、ダイヤモンド社）

第一次世界大戦、大恐慌、第二次世界大戦と続いた20世紀前半における出会いと時代を描き、ドラッカーがどのようにつくられたかを知る上で必読である。糸井重里さんをして「お会いしてみたかったなぁ」と言わしめたドラッカー通の秘蔵書である。さすが少年のころ作家志望だったというだけの名文である。

12．『乱気流時代の経営』１９８０年（ダイヤモンド社）

「乱気流の時代にあっては、マネジメントにとって最大の責任は自らの組織の生存を確実にすることである。組織の構造を健全かつ堅固にし、打撃に耐えられるようにすることである。急激な変化に適応し機会を捉えることである」の一文に始まる本書は、もう少し丁寧に読んでおけば、今日の苦境にこれほどまでに悩まされることもなかったであろうと思わせるものである。

13.『変貌する経営者の世界』1982年（ダイヤモンド社）

1976年から1981年にかけて『ウォール・ストリート・ジャーナル』に書いたものを中心とした論文集である。組織と組織が直面する諸問題を論じている。

14.『最後の四重奏（小説）』1982年（風間禎三郎訳、ダイヤモンド社）

第一次世界大戦前のたそがれのヨーロッパを舞台とするドラッカー初の小説。

15.『善への誘惑（小説）』1984年（小林薫訳、ダイヤモンド社）

アメリカのカトリック系大学を舞台とする2作目の小説。前作と同様、長年温めてきた構想と登場人物ではあったが、ドラッカーの小説が大きな反響を呼ぶことはなかった。

16.『イノベーションと企業家精神』1985年（ドラッカー名著集5、ダイヤモンド社）

イノベーションが天才のひらめきや天賦の才ではなく、誰でも学び実行することのできるものであることを明らかにした世界最初の方法論である。

企業家精神のマネジメントについての嚆矢《こうし》の書であって、かつ今日に至るも唯一といってよい定番である。既存の企業、公的機関、ベンチャーそれぞれにおけるイノベーションと企業家精神を説いている。

17.『マネジメント・フロンティア』1986年（ダイヤモンド社）

明日の世界は、政治家、官僚、学者ではなく、組織に働く普通の人たちによって開拓されると説く本書は、『ウォール・ストリート・ジャーナル』『フォリン・アフェアーズ』『フォーブス』『ハーバード・ビジネス・レビュー』収載の37本の論文よりなっている。

「変化が機会である」が本書のテーマである。本書冒頭の「変貌した世界経済」（フォリン・アフェアーズ初出）は、その年世界中でもっとも読まれた経済論文となった。

18.『新しい現実』１９８９年（ダイヤモンド社）

歴史には、ひとたび越えてしまえば、経済的、社会的、政治的な景色が一変するという境界がある。１９６５年から１９７３年の間のどこかで世界がそのような境界を越え、新しい次の世紀に入ったことを宣言した著作である。

ソ連邦の崩壊、東西冷戦の終結、テロリズムの危険を予告したことでも有名。

19.『非営利組織の経営』１９９０年（ドラッカー名著集4、ダイヤモンド社）

非営利組織（ＮＰＯ）の役割の増大を予告し、そのマネジメントのあり方を明らかにした本書は、非営利組織関係者のバイブル、座右の書である。

非営利組織発展の鍵を「ここでは自分が何をしているかがわかる。私は貢献している。コミュニティの一員になっている」とのボランティアの声にみている。ドラッカー名言の宝庫でもある。

20.『未来企業』１９９２年（ダイヤモンド社）

本書は、組織のあげるべき成果に焦点を合わせた『ウォール・ストリート・ジャーナル』『エコノミスト』『ハーバード・ビジネス・レビュー』『ニューヨーク・タイムズ』など世界一流の紙誌に収載の論文集である。１９９２年、経団連が中国の有力大学付属の日本研究所に日本語文献をまとめて贈呈すべく、会員の経済人にサイン入り本の寄贈を依頼したところ、もっとも多く寄せられたものが本書だった。

21.『すでに起こった未来 ― 変化を読む眼』１９９２年（ダイヤモンド社）

「利益の幻想」「シュンペーターとケインズ」「企業倫理とは何か」「日本画に見る日本」「もう一人のキルケゴール」など40年を越える執筆活動からドラッカー自身が選んだ珠玉の論文集である。

本書においてドラッカーは、自らを『ファウスト』（ゲーテ）の望楼守に擬し、「見るために生まれ、物見の役を仰せつけられ」（高橋義孝訳）し者と規定した。

22.『ポスト資本主義社会』１９９３年（ドラッカー名著集8、ダイヤモンド社）

歴史は数百年に一度際立った転換をする。境界を越える。そのとき社会は数十年をかけて次の新しい時代の用意をする。世界観を変え、価値観を変える。社会構造、政治構造、技能、芸術、機関を変える。やがて50年後にはまったく新しい世界が生まれる。２０２０年、３０年まで続く今回の転換期を描いた必読の書である。

23．『未来への決断』１９９５年（ダイヤモンド社）

『ウォール・ストリート・ジャーナル』『ハーバード・ビジネス・レビュー』『フォリン・アフェアーズ』収載の論文26本からなる本書は、マネジメントの指針であり道具である。考えるヒントとなり、行動のきっかけとなるものである。本書収載の「事業の定義」は、順風満帆の企業がなぜ突然挫折するかを明らかにしている。

24．『明日を支配するもの』１９９９年（ダイヤモンド社）

世界17カ国で発行され直ちにベストセラーとなった話題の著である。ビジネスの前提が変わり、現実が変わったことを知らせた。最終章では、いかに生きるべきか、いかに第二の人生を用意すべきかを語っている。

25．『はじめて読むドラッカー［自己実現編］プロフェッショナルの条件』２０００年（ダイヤモンド社）

いまや組織に働く者全員がトップマネジメントである。そのように働かなければ、組織の繁栄も、世の中への貢献も、働く者一人ひとりの自己実現もありえない。

膨大なドラッカーの世界のエッセンスを網羅した4部作の第1作であって、今も広く読まれる日本発の超ロングセラーである。10カ国語で発行。

26．『はじめて読むドラッカー［マネジメント編］チェンジ・リーダーの条件』２０００年（ダイヤモンド社）

あらゆる財とサービスが大勢の知識労働者の手によって生み出される組織の時代にあっては、マネジメントの成否が人の幸せ、社会の安全と繁栄、文明の進歩を左右する。本書は、変化の時代におけるマネジメントの真髄を明らかにしている。

27.『はじめて読むドラッカー［社会編］イノベーターの条件』2000年（ダイヤモンド社）

新しい時代が到来しつつある。そこにおける社会、政治、経済、知識、教育はいかなるものとなるか。激動の転換期における思考と行動の原理を説く。

28.『ネクスト・ソサエティ』2002年（ダイヤモンド社）

いよいよ社会が経済を変える時代がきた。そのネクスト・ソサエティ（次の社会）とはいかなる社会か、それはいかに経済と経営を変えるかを示している。ドラッカー92歳のときの著作である。

29.『ドラッカー名言集――仕事の哲学』２００３年（ダイヤモンド社）

一人ひとりの人間の貢献と自己実現を中心に、成長、成果能力、貢献、強み、進路、知識労働、起業家精神、チームワーク、コミュニケーション、リーダーシップ、意思決定、優先順位、時間管理、第二の人生の各項に分けて、２００の名言を収載した。

30.『ドラッカー名言集――経営の哲学』２００３年（ダイヤモンド社）

マネジメントの役割、事業の定義、戦略計画、コア・コンピタンス、顧客、マーケティング、イノベーション、生産性、利益、コスト、意思決定、目標管理、人のマネジメント、組織構造、社会的責任をめぐるドラッカー名言２００を収載した。

31.『ドラッカー名言集――変革の哲学』２００３年（ダイヤモンド社）

変革の時代、未来、起業家精神、チェンジ・エージェント、イノベーションの原理とリスクと機会、予期せぬ成功と失敗、ギャップと構造変化、発明発見とアイデア、ベンチャー、成長、多角化、公的機関の起業家精神をめぐるドラッカー名言200を収載した。

32．『ドラッカー名言集―歴史の哲学』２００３年（ダイヤモンド社）

大転換期、知識革命、知識社会、組織社会、マネジメント、NPO、経済至上主義、政治の変容、国家の巨大化、政府の再建、経済政策、経済開発、少子高齢化、社会生態学等、社会、政治、経済をめぐるドラッカー名言200を収載した。

33．『実践する経営者』２００４年（ダイヤモンド社）

世界一の経済紙『ウォール・ストリート・ジャーナル』に30年にわたって執筆してきた社会時評のうち、具体的な経営の知恵を説いた28本を精選、ベンチャー専門誌『インク・

マガジン』収載のインタビュー2本を加え、事業家必読の書として編集した。

34.『はじめて読むドラッカー［技術編］テクノロジストの条件』
2005年（ダイヤモンド社）

アメリカ技術史学会会長をつとめたドラッカーのMOT論（技術マネジメント論）の集大成である。技術、技能、科学、道具、仕事、文明、知識、マネジメント、イノベーション、研究開発を論じて21世紀の世界観を提示した。

35.『ドラッカー 20世紀を生きて ― 私の履歴書』2005年
（牧野洋訳、日本経済新聞社）

2005年2月、日本経済新聞「私の履歴書」に連載の自伝をまとめたもの。

36.『ドラッカー ３６５の金言』２００５年（ダイヤモンド社）

65年にわたる執筆活動から３６６のテーマを選び、これにアクション・ポイントを加えて行動のための座右の書とした。

37.『P・F・ドラッカー経営論』２００６年（ハーバード・ビジネス・スクール編集部編訳、ダイヤモンド社）

『ハーバード・ビジネス・レビュー』へ54年間にわたって寄稿した全34本の論文を収録。ドラッカーの業績を知るうえで最適である。

38.『プロフェッショナルの原点』２００８年（ダイヤモンド社）

つまるところ社会、組織、個人のいずれにとっても、重要なことは仕事で成果をあげることである。どうすれば一流になれるか。仕事の本質を洞察し、成果をあげるために必要な姿勢と行動を示す不朽の箴言《しんげん》集。

39.『経営者に贈る5つの質問』2008年（ダイヤモンド社）

ドラッカーが中小の非営利組織のために開発し、企業と政府機関において広く採用されるにいたった最新の経営ツール「5つの最も重要な質問」を解説。ミッション（使命）は何か、顧客は誰か、顧客にとっての価値は何か、われわれにとっての成果は何か、計画は何かと続く5つの質問が、貢献と繁栄への道を拓くとする。ジェームズ・コリンズほかアメリカの知性5人が特別寄稿。原著名は、The Five Most Important Questions You Will Ever Ask About Your Organization である。

40.『ドラッカーの講義（1991～2003）』『ドラッカーの講義（1943～1989）』2010年（宮本喜一訳、アチーブメント出版）

60年間にわたるドラッカーの講演の主なものをまとめたもの。

41.『［英和対訳］決定版 ドラッカー名言集』２０１０年（ダイヤモンド社）

初めての英和対訳名言集。

＊文中明記しているもの以外は、上田惇生訳。

ドラッカー年譜

1909年		11月19日、オーストリア＝ハンガリー帝国の首都ウィーンに生まれる。父アドルフは、貿易省勤務で、のちに大学教授。母キャロラインはウィーン大学医学部出身の元神経科医。
1914年	4歳	サラエボでフランツ・フェルディナント皇太子が暗殺され、第一次世界大戦勃発。死者1、000万人。負傷者2、000万人。
1918年	8歳	11月11日、第一次世界大戦終結。オーストリアはハプスブルグ家の支配が終わり、分割されて共和制に移行する。
1923年	13歳	「共和国の日」にデモ行進に参加。先頭で赤旗を振るが、場違いな感じを持ち隊列を離れる。
1927年	17歳	ギムナジウムを卒業し、ドイツのハンブルクへ。事務見習いとして貿易商社に就職。同時に大学進学を望んでいた父の手前、ハンブルク大学法学部に入学。
1929年	19歳	フランクフルトに転居し、証券アナリストの助手として就職。フランクフルト大学法学部に移籍。 10月、ニューヨーク市場大暴落「暗黒の木曜日」で世界大恐慌に。就職先の会社が倒産。
1930年	20歳	地元の有力夕刊紙「フランクフルト・ゲネラル・アンツァイガー」の経済記者となる。

1931年	21歳	フランクフルト大学で国際法の博士号を取得。ゼミで教授の代講を務め、そこで将来の妻となるドリス・シュミットと出会う。同大学非常勤講師。
1933年	23歳	ナチスが右派連合政権を組閣し政権を掌握。 ユダヤ系哲学者に関する本を執筆し名門出版社モーア社から出版されるが、著作の内容がナチスの怒りを買うことを確信し、新聞社と大学の双方に辞表を出してドイツを脱出。同書は出版後に焚書処分となる。
1934年	24歳	ロンドンに移住し、そこでドリスと再会。 ロンドンでフリードバーグ商会に証券アナリスト兼パートナー補佐として就職。 ロンドンの画廊で開催中の日本絵画展に雨宿りで立ち寄り、そこで日本画に出会い魅了される。
1937年	27歳	ドリスと結婚し、アメリカに移住。「フィナンシャル・タイムズ」などイギリスの大手新聞数紙に寄稿。フリードバーグ商会ほかにアメリカ経済短信を送付。
1938年	28歳	ドイツがオーストリアを併合。「ワシントン・ポスト」ほかに欧州事情を寄稿。 処女作『「経済人」の終わり』を刊行。のち英首相となるチャーチルに激賞される。
1939年	29歳	ドイツ軍がポーランドに侵攻し、第二次世界大戦勃発。

1940年	30歳	ニューヨーク州のサラ・ローレンス大学の非常勤講師に。経済学、統計学を教える。短期間、経済誌「フォーチュン」の編集に携わる。
1942年	32歳	バーモント州ベニントン大学教授に就任。政治、経済、哲学を教える。第2作『産業人の未来』を刊行。
1943年	33歳	『産業人の未来』を読んだゼネラル・モーターズ（GM）社の幹部からの依頼で、同社のマネジメントを1年半調査。この年、アメリカ国籍を取得。
1945年	35歳	第二次世界大戦終結。
1946年	36歳	GM研究に基づく第3作『企業とは何か』を刊行。組織改革ブームのきっかけとなる。一方、GMの経営陣からは無視される。
1947年	37歳	マーシャル・プラン（ヨーロッパ復興計画）の実施指導のため、フランス、イギリス、イタリア、ベルギー、西ドイツを視察。
1949年	39歳	ニューヨーク大学教授に就任。同大学大学院にマネジメント科を創設する。
1953年	43歳	訪米中のソニー共同経営者、盛田昭夫に会う。トヨタとも関わりを持つ。
1954年	44歳	『現代の経営』を刊行。これにより、マネジメントの発明者、父といわれるようになる。
1957年	47歳	『変貌する産業社会』において、モダンからポストモダンへの移行を説く。

1959年	49歳	初めて来日。東京・大阪などでセミナーを行う。
1964年	54歳	『創造する経営者』を刊行。経営戦略を論じた世界で最初の書。
1966年	56歳	『経営者の条件』を刊行。万人のための帝王学を説く。「産業経営の近代化および日米親善への寄与」により、日本政府から勲三等瑞宝賞を授与される。
1969年	59歳	『断絶の時代』を刊行。大転換期の本質を明らかにし、民営化ブームの火付け役となる。
1971年	61歳	マネジメント科を創設したカリフォルニア州クレアモント大学大学院教授に就任。
1973年	63歳	マネジメント論を集大成した『マネジメント』を出版。
1975年	65歳	「ウォールストリート・ジャーナル」への寄稿を開始。以後20年にわたり執筆。
1976年	66歳	『見えざる革命』を刊行。人口構造の激変を論じ、高齢化社会の到来を予告。
1979年	69歳	半自伝『傍観者の時代』を刊行。クレアモントのポモナ・カレッジで東洋美術を講義。
1980年	70歳	『乱気流時代の経営』を刊行。本書でバブル到来を予告。
1981年	71歳	『日本　成功の代償』を刊行。GEのCEO（最高経営責任者）に就任したジャック・ウェルチのコンサルタントを引き受け、1位2位戦略を開発。

1982年	72歳	初めての小説『最後の四重奏』を刊行。『変貌する経営者の世界』を刊行。
1985年	75歳	イノベーションを誰でも学び実行できるとした『イノベーションと企業家精神』を刊行。
1986年	76歳	『マネジメント・フロンティア』を刊行。「ドラッカー・コレクション、水墨画名作展」を東京、大阪など4会場で開催し、自身が所蔵する日本画を披露。
1989年	79歳	ソ連の崩壊、東西冷戦の終結を予告した『新しい現実』を刊行。
1990年	80歳	NPO関係者の座右の書とされる『非営利組織の経営』を刊行。
1992年	82歳	『未来企業』を刊行。
1993年	83歳	『ポスト資本主義社会』を刊行。資本主義社会から知識社会への移行を明らかにする。
1995年	85歳	『未来への決断』を刊行。
1998年	88歳	「ハーバード・ビジネス・レビュー」掲載の論文をまとめた『P・F・ドラッカー経営論集』を刊行。
1999年	89歳	ビジネスの前提が変わったことを示した『明日を支配するもの』を刊行。
2000年	90歳	「はじめて読むドラッカー」3部作『プロフェッショナルの条件』『チェンジ・リーダーの条件』『イノベーターの条件』を日本で刊行。ドラッカーの世界を鳥瞰する

		書として、のちに世界各国でベストセラーとなる。英語圏では出版契約の関係で『ザ・エッセンシャル・ドラッカー』及び『ア・ファンクショニング・ソサエティ』として刊行される。
2002年	92歳	『ネクスト・ソサエティ』を刊行。経済よりも社会の変化が重要となる時代の到来を説く。
2003年	93歳	「ドラッカー名言集」4部作『仕事の哲学』『経営の哲学』『変革の哲学』『歴史の哲学』を日本で刊行。のちに中国と韓国で刊行される。
2004年	94歳	「ウォール・ストリート・ジャーナル」寄稿論文集『実践する経営者』を日本で刊行。ドラッカーの名言を日めくりカレンダー風にまとめた『ドラッカー　365の金言』を刊行。
2005年	95歳	日本経済新聞に「私の履歴書」連載。これを基に『ドラッカー　20世紀を生きて』を刊行。11月11日、96歳の誕生日を目前にクレアモントの自宅で永眠。

（編集部・編）

＊年齢は誕生日前のものです。

おわりに

ドラッカーが晩年に執筆を計画しながら、結局は書かなかった幻の著作があります。タイトルは『ウェイステッド・センチュリー（The Wasted Century）』です。無駄になった世紀、すなわち20世紀のことを指します。

20世紀は産業が飛躍的な発展を遂げた一方、二つの大戦と大恐慌に象徴されるように、お金に至上の価値を置く拝金主義が支配する時代となってしまった。やりようによっては、もっとまともな世紀になっていたはずなのに、というのが主旨です。

では、いま、歴史が作られつつある21世紀はどうでしょうか。このままでは20世紀同様、「ウェイステッド・センチュリー」を繰り返すという恐れを感じざるを得ません。しかしそれを回避するカギが、日本の震災からの復興にあるのではないかと思います。

復興に向けては、ドラッカーなら「理想を目指し、手持ちの道具をフルに使って、一歩一歩進んで下さい」とアドバイスするはずです。さらに加えるなら、政府が強制力をもって特別なことをやってはいけない、とも言うはずです。

ドラッカーは、『産業人の未来』（1942年）で、アメリカの第二次大戦参戦と勝利を確信しつつも、「われわれが平和を手にする日は、旅を終える日でも旅を始める日でもない。それは馬を替える日にすぎない」と述べています。つまり、大上段に構えて仰々しい青写真を作るのではなく、自由で創造的な現場の活動を中心に置くべきだと言っていたのです。「平和を手にする日」を「復興をなし遂げる日」と読み替えれば、人と人との絆を大切にし、自発的な創意をもって復興に取り組むことで、世界の手本となるような社会を再構築できると思うのです。

社会革命とも言うべき今回のドラッカーブームで「マネジメント」に親しむ層が飛躍的に拡大しつつあることからも、復興を契機に、世界のモデルとなりうる新しい日本を創造できると期待しています。『もしドラ』ではじめてドラッカーに接した皆さんに、ドラッカーへの理解をさらに深めてもらう目的で編んだ本書が少しでもお役に立てば幸いです。

2011年5月

上田　惇生

CDブック
初めての人のドラッカー案内
二〇一一年六月十五日　初版第一刷発行

著　者　上田惇生
装　丁　横山　恵
発行者　宮島正洋
発行所　株式会社アートデイズ
〒160-0008　東京都新宿区三栄町17　V四谷ビル
電　話　（〇三）三三五三―二二九八
FAX　（〇三）三三五三―五八八七
http://www.artdays.co.jp

印刷所　株式会社美松堂